Le 16ème siècle est considéré comme une période de grand changement en Europe, marquée par des conflits religieux, des guerres territoriales et des luttes pour le pouvoir.

Voici d'abord les principales guerres à retenir de ce siècle :

Les Guerres de Religion (1524-1598) : une série de conflits en France opposant les catholiques aux protestants, qui ont eu des conséquences durables sur les relations entre les religions en Europe.
Elles ont causé des dizaines de milliers de morts et ont eu un impact considérable sur la société française.

Les Guerres de l'indépendance des Pays-Bas (1568-1648) ou La Guerre de Quatre-Vingts Ans : une guerre opposant les Provinces-Unies des Pays-Bas (pays actuellement composé de la Hollande et la Belgique) à l'Espagne pour l'indépendance des Pays-Bas.Les provinces des Pays-Bas ont finalement obtenu leur indépendance de l'Espagne.

Les Guerres italiennes (1494-1559) : une série de guerres en Italie opposant les puissances européennes pour le contrôle de la péninsule italienne. Elles ont vu la France, l'Espagne et le Saint-Empire romain germanique se disputer.

Les Guerres d'Espagne (1568-1659) : une série de guerres opposant les puissances européennes à l'Espagne pour le contrôle des colonies et des territoires en Amérique et en Asie.

La Guerre de la Ligue de Cognac (1526-1530) : une guerre opposant la France à l'E

La Guerre de Souabe était un conflit entre l'Empire allemand et la France pour le contrôle de la Souabe, région située dans le sud-ouest de l'Allemagne.

La Guerre de la Ligue de Cambrai était un conflit entre la France, l'Empire Ottoman et les États italiens de la péninsule, qui a eu lieu de 1508 à 1516.

Les guerres anglo-écossaises étaient des conflits qui ont eu lieu entre l'Angleterre et l'Écosse au 16ème siècle, notamment le conflit de 1542-1551 et le conflit de 1560-1590.

La Guerre anglo-espagnole (1585-1604) était un conflit entre l'Angleterre et l'Espagne au cours duquel les deux pays se sont affrontés pour le contrôle des routes maritimes et des colonies dans les Caraïbes et en Améric

Voici ensuite les principales batailles à retenir de ce siècle :

L'une des batailles les plus marquantes de cette période est **la bataille de Pavie**, qui a eu lieu en 1525 entre les armées française et espagnole. Cette bataille a vu une victoire décisive de Charles Quint, empereur romain germanique, sur François Ier, roi de France, et a entraîné la captivité de François Ier et la perte de la Bourgogne pour la France.

La **Bataille de Lepanto (1571)** : Cette bataille navale a eu lieu dans la mer Ionienne et a opposé l'Empire ottoman à une alliance dirigée par la République de Venise et l'Espagne. La victoire de l'alliance a été décisive pour limiter l'expansion de l'Empire ottoman en Europe. Cette coalition européenne dirigée par le Saint-Siège et Vénétie sur la flotte Ottoman, a mis fin à la domination navale ottomane en Méditerranée occidentale.

La Bataille de Saint-Quentin (1557) : lors de la guerre de Trois Ans entre la France et l'Espagne. Les Français ont remporté une victoire décisive qui a entraîné la chute de Calais, une place forte importante de l'Espagne en France. Cela a entraîné la perte de la Picardie pour l'Espagne et a renforcé la position de la France en Europe.

La Bataille de Mookerheyde (1574) : a eu lieu lors de la guerre des Pays-Bas entre les Pays-Bas révoltés et les Espagnols. Les rebelles ont remporté une victoire décisive qui a accéléré la libération des Pays-Bas de la domination espagnole.

La Bataille de Zutphen (1586) : a eu lieu lors de la guerre des Pays-Bas entre les Anglais et les Espagnols. Les Anglais ont remporté une victoire décisive qui a entraîné la chute de la ville de Zutphen.

La bataille de Mühlberg (1547) : Affrontement entre les troupes impériales sous le commandement de Charles Quint et les troupes protestantes sous le commandement de Jean Frédéric de Saxe, qui s'est terminée par une défaite protestante. Cette bataille a renforcé la position de Charles Quint en Allemagne et a conduit à la suppression des révoltes protestantes.

La bataille de Turnhout (1597) : Une victoire de l'armée espagnole sur les provinces unies des Pays-Bas, qui a entraîné la reconquête de la ville de Turnhout par les Espagnols.

La bataille de Marignan (1515) : Affrontement entre les troupes françaises sous le commandement de François Ier et les troupes suisses, qui s'est terminée par une victoire française. Cette bataille a renforcé le prestige de la France en Europe et a permis à François Ier de consolider son pouvoir.

Ce livret décompose maintenant tous les conflits selon les continents, les guerres, les places du combat, et surtout les vainqueurs. Les dates ont été volontairement enlevées pour apprendre l'histoire ludiquement. L'idée n'est pas de fournir un lourd cours d' Université, mais bien un livret épuré et accessible à tous, avec les « matchs » repérables au premier coup d'oeil :

Guerres entre la Hongrie et l'Empire ottoman

Bataille de Corbavie
région de Lika, Croatie
Victoire décisive des Ottomans sur les Croates

Bataille de Mohács
Mohács, Hongrie
Victoire décisive des Ottomans sur les Hongrois

Première guerre d'Italie

Bataille de Seminara
Seminara, Italie
Victoire des Français sur les Espagnols

Bataille de Fornoue
Fornoue, Italie
Victoire des Français sur les Vénitiens et les Milanais

Guerre moldavo-polonaise

Bataille de la forêt de Cosmin
près de Tchernivtsi, Ukraine
Victoire des Moldaves sur les Polonais

Bataille d'Obertyn
Obertyn, Ukraine
Victoire des Polonais sur les Moldaves

Guerre de Souabe

Bataille de Hard
Hard, ouest du Lac de Constance (Autriche)
Victoire des Suisses sur la Ligue de Souabe

Bataille de Bruderholz
Bruderholz, Suisse
Victoire des Suisses sur la Ligue de Souabe

Bataille de Schwaderloh
Ermatingen, Suisse
Victoire des Suisses sur la Ligue de Souabe

Bataille de Frastanz
Frastanz, Vorarlberg(Autriche)
Victoire des Suisses sur la Ligue de Souabe

Bataille de Calven
Val Müstair, Suisse
Victoire des Suisses sur la Ligue de Souabe

Bataille de Dornach
Dornach, Suisse
Victoire décisive des Suisses sur la Ligue de Souabe

Troisième guerre vénéto-turque

Bataille de Zonchio
au large de Pylos, Grèce
Victoire navale des Ottomans sur les Vénitiens

Campagne danoise contre la Dithmarse

Bataille de Hemmingstedt
Hemmingstedt, Schleswig-Holstein (Allemagne)
Victoire décisive de la République paysanne de Dithmarse sur les Duchés
de Schleswig et de Holstein

Guerres russo-lituaniennes

Bataille de la Vedrocha
ouest de Kalouga, Russie
Victoire décisive du Grand-duché de Moscou sur les Lituaniens

Bataille d'Orsha
Orcha, Biélorussie
Victoire des Polonais et des Lituaniens sur le Grand-duché de Moscou

Troisième guerre d'Italie

Bataille de Cerignola
Cerignola, Italie
Victoire des Espagnols sur les Français

Bataille du Garigliano
près de Gaète, Italie
Victoire décisive des Espagnols sur les Français

Guerre de la Ligue de Cambrai

Bataille d'Agnadel
Agnadel, Italie
Victoire décisive des Français sur les Vénitiens

Bataille de Ravenne
Ravenne, Italie
Victoire des Français et du Duché de Ferrare sur les Espagnols et les Pontificaux

Bataille de Novare
Novare, Italie
Victoire décisive des Suisses et des Milanais sur les Français

Bataille de Guinegatte
Enguinegatte, Pas-de-Calais
Victoire des Anglais et du Saint-Empire romain germanique sur les Français

Bataille de Vicence
Schio, Italie
Victoire décisive des Espagnols sur les Vénitiens

Bataille de Marignan
Melegnano, Italie
Victoire décisive des Français et des Vénitiens sur les Suisses et les Milanais

Guerres anglo-écossaises

Bataille de Flodden Field
Branxton, Northumberland(Angleterre)
Victoire décisive des Anglais sur les Écossais

Bataille de Solway Moss
Solway Moss, frontière entre l'Angleterre et l'Écosse
Victoire des Anglais sur les Écossais

Bataille d'Ancrum Moor
près de Jedburgh, Écosse
Victoire des Écossais sur les Anglais

Bataille de Pinkie Cleugh
Musselburgh, Lothian(Écosse)
Victoire décisive des Anglais sur les Écossais

Guerre des Communautés de Castille

Bataille de Villalar
Villalar de los Comuneros, Espagne
Victoire décisive des troupes royales sur les Comuneros

Sixième guerre d'Italie

Siège de Pampelune
Pampelune, Espagne
Victoire des Français et des Navarrais sur les Espagnols

Bataille de Noain
sud de Pampelune, Espagne
Victoire décisive des Espagnols sur les Français et les Navarrais

Siège de Mézières
Charleville-Mézières, Ardennes
Victoire des Français sur le Saint-Empire romain germanique

Siège de Tournai

Tournai, Belgique
Victoire du Saint-Empire romain germanique sur les Français

Bataille de la Bicoque
Bicocca, nord de Milan(Italie)
Victoire des Espagnols, des Pontificaux et des Milanaissur les Français et les Vénitiens

Bataille de la Sesia
sur les bords de la Sesia, Italie
Victoire du Saint-Empire romain germanique sur les Français

Siège de Marseille
Marseille, Bouches-du-Rhône
Victoire des Français sur le Saint-Empire romain germanique

Bataille de Pavie
Pavie, Italie
Victoire décisive des Espagnols et du Saint-Empire romain germanique sur les Français

Lutte pour la domination de la Méditerranée

Siège de Rhodes
Rhodes, Grèce
Victoire des Ottomans sur les Hospitaliers

Siège de Tunis
Tunis
Victoire des Espagnols sur les Ottomans

Siège de Corfou
Corfou
Victoire de la République de Venise sur l'Empire ottoman

Bataille de Prévéza
au large de Prévéza, Grèce
Victoire navale décisive des Ottomans sur la Sainte Ligue

Siège de Castelnuovo
Herceg Novi, Monténégro
Victoire des Ottomans sur les Espagnols

Siège d'Alger
Alger
Victoire décisive des Ottomans de la régence d'Alger sur les Espagnols et les Impériaux

Bataille de Djerba
au large de Djerba, Tunisie
Victoire navale décisive des Ottomans sur les Espagnolset leurs alliés

Siège de Malte
Malte
Victoire des Hospitaliers et des Espagnols sur les Ottomans

Siège de Famagouste
Famagouste, Chypre
Victoire des Ottomans sur les Vénitiens

Bataille de Lépante
au large de Naupacte, Grèce
Victoire navale décisive de la Sainte Ligue sur les Ottomans

Siège de Tunis
Tunis
Victoire des Ottomans sur les Espagnols

Guerre des Paysans allemands

Bataille de Frankenhausen
Bad Frankenhausen, Allemagne
Victoire décisive des Hessois et des Saxons sur les Paysans révoltés

Septième guerre d'Italie

Bataille de Landriano
Landriano, Italie
Victoire des Espagnols et du Saint-Empire romain germanique sur les Français

Siège de Florence
Florence, Italie
Victoire des Espagnols et du Saint-Empire romain germanique sur les Florentins

Bataille de Gavinana
près de Florence, Italie
Victoire décisive des Espagnols et du Saint-Empire romain germanique sur
les Florentins

Guerres entre les Ottomans et les Habsbourg
Siège de Vienne
Vienne, Autriche
Victoire décisive du Saint-Empire romain germanique sur les Ottomans

Bataille de Đakovo (en)
Đakovo, Croatie
Victoire décisive des Ottomans sur le Saint-Empire romain germanique

Siège de Buda (en)
Budapest, Hongrie
Victoire décisive des Ottomans sur le Saint-Empire romain germanique

Siège de Szigetvár
Szigetvár, Hongrie
Victoire tactique des Ottomans sur la garnison de Croates et Hongrois

Guerres de Kappel

Bataille de Kappel
Kappel am Albis, Suisse
Victoire des Suisses catholiques sur les Protestants

Neuvième guerre d'Italie

Siège de Nice
août-septembre 1543
Nice, Alpes-Maritimes
Victoire du Saint-Empire romain germanique sur les Ottomans et les Français

Bataille de Cérisoles
Ceresole Alba, Italie
Victoire décisive des Français sur les Espagnols et le Saint-Empire romain germanique

Bataille de Muros
au large de Muros, Espagne
Victoire navale des Espagnols sur les Français

Siège de Saint-Dizier
Saint-Dizier, Haute-Marne
Victoire du Saint-Empire romain germanique et des Espagnols sur les Français

Siège de Boulogne
Boulogne-sur-Mer, Pas-de-Calais
Victoire des Anglais sur les Français

Guerre de Smalkalde

Bataille de Mühlberg
Mühlberg, Allemagne
Victoire décisive du Saint-Empire romain germanique sur la Ligue de Smalkalde

Bataille de Drakenburg (de)
Arrondissement de Nienburg/Weser, Allemagne
Victoire de la Ligue de Smalkalde sur le Saint-Empire romain germanique

Bataille de Sievershausen
Lehrte, Allemagne
Victoire du Saint-Empire romain germanique sur la Ligue de Smalkalde

Expansion de la Russie

Siège de Kazan
Kazan, Russie
Victoire décisive des Russes sur le Khanat de Kazan

Bataille de Molodi
Molodi, sud de Moscou
Victoire décisive des Russes sur le Khanat de Crimée

Dixième guerre d'Italie

Siège de Metz
Metz, Moselle
Victoire des Français sur le Saint-Empire romain germanique et les Espagnols

Bataille de Marciano
Marciano della Chiana, Italie
Victoire des Florentins, des Espagnols et du Saint-Empire romain germanique sur les Siennois et les Français

Onzième guerre d'Italie

Bataille de Saint-Quentin
Saint-Quentin, Aisne
Victoire décisive des Espagnols sur les Français

Siège de Calais
Calais, Pas-de-Calais
Victoire des Français sur les Anglais

Bataille de Gravelines
Gravelines, Nord
Victoire décisive des Espagnols sur les Français

Guerre de Livonie

Bataille d'Ergeme
près de Valga, Estonie
Victoire des Russes sur la Confédération livonienne

Bataille de Wenden
Cēsis, Lettonie
Victoire des Polonais et des Suédois sur les Russes

Guerre nordique de Sept Ans

Bataille de Axtorna
Köinge, Suède
Victoire des Danois sur les Suédois

Guerres de religion

Bataille de Targon
Targon, Gironde
Victoire des Catholiques sur les Protestants

Bataille de Vergt
Vergt, Dordogne
Victoire des Catholiques sur les Protestants

Bataille de Dreux
Dreux, Eure-et-Loir
Victoire des Catholiques sur les Protestants

Bataille de Saint-Denis
Saint-Denis, Seine-Saint-Denis
Bataille indécise entre Catholiques et Protestants

Bataille de Saint-Valery
Saint-Valery-sur-Somme, Somme
Victoire des Catholiques sur les Protestants

Bataille de Jarnac
Jarnac, Charente
Victoire des Catholiques sur les Protestants

Bataille de La Roche-l'Abeille
La Roche-l'Abeille, Haute-Vienne
Victoire des Protestants sur les Catholiques

Bataille de Moncontour
Moncontour, Vienne
Victoire des Catholiques sur les Protestants

Bataille d'Arnay-le-Duc
Arnay-le-Duc, Côte-d'Or
Victoire des Protestants sur les Catholiques

Siège de La Rochelle
La Rochelle, Charente-Maritime
Victoire des Protestants sur les Catholiques

Bataille de Dormans
Dormans, Marne
Victoire des Catholiques sur les Protestants

Bataille de Coutras
Coutras, Gironde
Victoire des Protestants sur les Catholiques

Bataille de Jarrie
Jarrie, Isère
Victoire des Catholiques sur les Protestants

Bataille de Vimory
Vimory, Loiret
Victoire des Catholiques sur les Protestants

Bataille d'Auneau
Auneau, Eure-et-Loir
Victoire des Catholiques sur les Protestants

Bataille d'Arques
Arques-la-Bataille, Seine-Maritime
Victoire de l'armée royale sur les Ligueurs

Bataille d'Ivry
Ivry-la-Bataille, Eure
Victoire de l'armée royale sur les Ligueurs

Bataille de Pontcharra
Pontcharra, Isère
Victoire des Français sur les Savoyards

Bataille de Vinon
Vinon-sur-Verdon, Var
Victoire des Français sur les Savoyards

Bataille de Craon
Craon, Mayenne
Victoire des Espagnols et des Ligueurs sur les Français

Bataille du Port-Ringeard
Entrammes, Mayenne
Victoire de l'armée royale sur les Ligueurs

Bataille de Fontaine-Française
Fontaine-Française, Côte-d'Or
Victoire des Français sur les Espagnols et les Ligueurs

Bataille de Doullens
Doullens, Somme
Victoire des Espagnols sur les Français

Siège d'Amiens
Amiens, Somme
Victoire des Français sur les Espagnols

Guerre de Quatre-Vingts Ans

Bataille d'Oosterweel
au nord d'Anvers, Belgique
Victoire des Espagnols sur les Néerlandais

Bataille de Rheindalen
Arrondissement de Mayence-Bingen, Allemagne
Victoire des Espagnols sur les Néerlandais

Bataille de Heiligerlee
Heiligerlee, Pays-Bas
Victoire des Néerlandais sur les Espagnols

Bataille de Jemmingen
Jemgum, Frise Orientale(Allemagne)
Victoire des Espagnols sur les Néerlandais

Bataille de Jodoigne
Jodoigne, Belgique
Victoire décisive des Espagnols sur les Néerlandais

Bataille de Flessingue
au large de Flessingue, Pays-Bas
Victoire navale des Néerlandais sur les Espagnols

Bataille de Borsele
estuaire d'Anvers
Victoire navale des Néerlandais sur les Espagnols

Siège de Haarlem
Haarlem, Pays-Bas
Victoire des Espagnols sur les Néerlandais

Siège d'Alkmaar
Alkmaar, Pays-Bas
Victoire des Néerlandais sur les Espagnols

Bataille de Reimerswaal
sur l'Escaut oriental, Pays-Bas
Victoire navale des Néerlandais sur les Espagnols

Bataille de Mook
Mook en Middelaar, Pays-Bas
Victoire des Espagnols sur les Néerlandais

Bataille de Lillo
estuaire de l'Escaut
Victoire navale des Néerlandais sur les Espagnols

Bataille de Gembloux
Gembloux, Belgique
Victoire décisive des Espagnols sur les Néerlandais

Siège de Maastricht
Maastricht, Pays-Bas
Victoire des Espagnols sur les Néerlandais

Siège d'Audenarde
Audenarde, Pays-Bas
Victoire des Espagnols d'Alexandre Farnèse sur les Néerlandais

Siège d'Anvers
Anvers, Belgique
Victoire des Espagnols sur les Néerlandais

Bataille de Zutphen
Zutphen, Pays-Bas
Victoire des Espagnols sur les Néerlandais

Bataille de Turnhout
Turnhout, Belgique
Victoire des Néerlandais sur les Espagnols

Bataille de Nieuport
Nieuport, Belgique
Victoire des Néerlandais sur les Espagnols

Guerre de Succession du Portugal

Bataille d'Alcántara
près de Lisbonne, Portugal
Victoire décisive des Espagnols sur les Portugais

Bataille des Açores
au large des Açores
Victoire navale décisive des Espagnols sur les Français

Guerre anglo-espagnole

Bataille de Gravelines
au large de Gravelines
Victoire navale des Anglais sur les Espagnols

Expédition Drake-Norreys
avril-juin 1589
au large des côtes espagnoles et portugaises
Victoire navale des Espagnols sur les Anglais

Bataille de Craon
Craon
Victoire des Espagnols sur les Anglais

Bataille de Blaye
au large de Blaye
Victoire navale des Espagnols sur les Anglais

Expédition de Drake et Hawkins
Victoires espagnoles sur les Anglais

Prise de Cadix
Baie de Cadix, Espagne
Victoire navale des Anglais sur les Espagnols

Longue Guerre

Bataille de Sisak (en)
Sisak, Croatie
Victoire décisive des Croates sur les Ottomans

Bataille de Călugăreni
Județ de Giurgiu, Roumanie
Victoire des Valaques sur les Ottomans

Bataille de Keresztes
près d'Eger, Hongrie
Victoire décisive des Ottomans sur les Autrichiens et les Transylvains

Bataille de Mirăslău (en)
Județ d'Alba, Roumanie
Victoire des Autrichiens et des Transylvains sur les Valaques

Guerre de neuf ans en Irlande

Bataille de Clontibret
entre Armagh et Monaghan, Irlande
Victoire des Irlandais sur les Anglais

Bataille de Yellow Ford
sur les bords de la Blackwater, Comté d'Armagh (Ulster)
Victoire des Irlandais sur les Anglais

Bataille du col de Curlew
près de Boyle, Irlande
Victoire des Irlandais sur les Anglais

Guerre polono-suédoise

Bataille de Stångebro
près de Linköping, Suède
Victoire des Suédois sur les Polonais

Bataille de Diu
au large de Diu, Inde
Victoire navale décisive des Portugais sur les Ottomans, les Mamelouks et le Sultanat
de Gujarat

Conquête de l'Inde par les Moghols

Première bataille de Pânipat
Pânipat, Inde
Victoire décisive des Moghols sur le Sultanat de Delhi

Bataille de Khanwa (en)
près d'Âgrâ
Victoire décisive des Moghols sur les Afghans et les Rajputs

Bataille de Ghaghra (en)
sur les bords de la Karnali
Victoire décisive des Moghols sur les Afghans et les Bengalis

Deuxième bataille de Pânipat
Pânipat, Inde
Victoire des Moghols sur les Afghans et les Rajputs

Bataille de Tukaroi (en)
Tukaroi, Bengale-Occidental
Victoire décisive des Moghols sur les Bengalis

Bataille de Talikota
Talikota, Karnataka(Inde)
Victoire décisive des Sultanats du Dekkan sur le Royaume de Vijayanâgara

Guerres entre Perses et Ottomans

Bataille de Tchaldiran
Chaldoran, Iran
Victoire décisive des Ottomans sur les Séfévides

Conquête ottomane de l'Égypte

Bataille de Marj Dabiq
au nord d'Alep, Syrie
Victoire décisive des Ottomans sur les Mamelouks

Bataille de Yaunis Khan
près de Gaza
Victoire des Ottomans sur les Mamelouks

Bataille de Ridaniya
près du Caire, Égypte
Victoire décisive des Ottomans sur les Mamelouks

Invasions persanes en Géorgie

Bataille de Dighomi
Dighomi, près de Tbilissi (Géorgie)
Victoire des Géorgiens sur les Séfévides

Japon

Époque Sengoku et Époque Azuchi Momoyama

Bataille de Sezawa
Sezawa, Province de Shinano
Victoire du Clan Takeda sur les daimyos de Shinano

Bataille de Kawagoe
Château de Kawagoe, Province de Musashi
Victoire du Clan Hōjō sur le Clan Uesugi

Bataille de Uedahara
Uedahara, Province de Shinano
Victoire du Clan Uesugi sur le Clan Takeda

Bataille de Shiojiritoge
Shiojiritoge, Province de Shinano
Victoire du Clan Takeda sur le Clan Ogasawara

Siège de Fukashi
Fukashi, Province de Shinano,
Victoire du Clan Takeda sur le Clan Ogasawara

Bataille d'Okehazama
Okehazama, Province d'Owari
Victoire décisive du Clan Oda sur le Clan Imagawa

Bataille de Kawanakajima
Kawanakajima, Province de Shinano
Bataille indécise entre les Clans Takeda et Uesugi

Bataille de Mimasetōge
Col de Mimase, Province de Sagami
Victoire du Clan Takeda sur le Clan Hōjō

Bataille d'Anegawa
sur les rives de l'Anegawa, Province d'Ōmi
Victoire des Clans Oda et Tokugawa sur les Clans Asai et Asakura

Bataille de Mikata-Ga-Hara
Mikata-Ga-Hara, Province d'Izu
Victoire tactique du Clan Takeda sur le Clan Tokugawa

Bataille de Nagashino
Nagashino, Province de Mikawa
Victoire des Clans Oda et Tokugawa sur le Clan Takeda

Bataille de Tedorigawa
sur les rives de la Tedori, Province de Kaga
Victoire du Clan Uesugi sur le Clan Oda

Bataille de Temmokuzan
Mont Temmoku, Province de Kai
Victoire des Clans Oda et Tokugawa sur le Clan Takeda

Bataille de Sekigahara
Sekigahara, Province de Mino
Victoire décisive du Clan Tokugawa et ses alliés sur les clans fidèles à Hideyori Toyotomi

Corée

Guerre Imjin

Bataille de Chungju
Chungju, Corée du Sud
Victoire des Japonais sur les Coréens

Bataille d'Okpo
Baie d'Okpo, Jeolla
Victoire navale des Coréens sur les Japonais

Bataille de Sacheon
au large de Sacheon
Victoire navale des Coréens sur les Japonais

Bataille de l'île Hansan
Île Hansan, Tongyeong
Victoire navale décisive des Coréens sur les Japonais

Siège de Haengju
près de Goyang, Corée du Sud
Victoire des Coréens sur les Japonais

Bataille de Chilchonryang
Détroit de Chilchonryang, Corée du Sud
Victoire navale des Japonais sur les Coréens

Bataille de Myong-Yang
Détroit de Myong-Yang, Corée du Sud
Victoire navale des Coréens sur les Japonais

Siège d'Ulsan

Ulsan, Corée du Sud
Victoire des Japonais sur les Coréens et les Chinois

Bataille de Sacheon
Sacheon, Corée du Sud
Victoire des Japonais sur les Coréens et les Chinois

Bataille de No Ryang
au large de Namhae, Corée du Sud
Victoire navale décisive des Coréens et des Chinois sur les Japonais

Conquête de l'Empire aztèque

Noche Triste
Tenochtitlan, Mexique
Victoire des Aztèques sur les Espagnols

Bataille d'Otumba
Otumba, nord-est de Mexico
Victoire des Espagnols sur les Aztèques

Siège de Tenochtitlan
Tenochtitlan, Mexique
Victoire décisive des Espagnols sur les Aztèques

Guerre de succession inca

Bataille de Quipaipan
Quipaipan, Pérou
Victoire d'Atahualpa sur Huascar

Conquête de l'Empire inca

Bataille de Cajamarca
Cajamarca, Pérou
Victoire des Espagnols sur les Incas

Bataille de Cuzco
Cuzco, Pérou
Victoire décisive des Espagnols sur les Incas

Guerre d'Arauco

Bataille de Reynogüelén
au confluent des rivières Ñuble et Itata, Chili
Victoire des Espagnols sur les Mapuches

Bataille de l'Andalién
sur les bords de l'Andalién, Province de Concepción (Chili)
Victoire des Espagnols sur les Mapuches

Bataille de Penco
Penco, Province de Concepción (Chili)
Victoire des Espagnols sur les Mapuches

Bataille de Tucapel
Tucapel, Province d'Arauco
Victoire des Mapuches sur les Espagnols

Bataille de Millarapue
millarapue, Province d'Arauco
Victoire des Espagnols sur les Mapuches

Guerre anglo-espagnole

Bataille de San Juan de Ulúa
au large de San Juan de Ulúa, Mexique
Victoire navale des Espagnols sur les Anglais

Expédition de Drake et Hawkins
dans les Antilles
Victoire navale des Espagnols sur les Anglais

Guerre Adal-Éthiopie

Bataille de Shembra Couré
sud-ouest d'Addis-Abeba, Éthiopie
Victoire du Sultanat d'Adal sur les Éthiopiens

Bataille d'Antoukyah
sud du Lac Haïk, Éthiopie
Victoire du Sultanat d'Adal sur les Éthiopiens

Bataille d'Amba Sel
rivière Walaqa, Amhara(Éthiopie)
Victoire du Sultanat d'Adal sur les Éthiopiens

Bataille de Sahart
Éthiopie
Victoire des Éthiopiens sur le Sultanat d'Adal

Bataille de Baçente
dans le Tigré, Éthiopie
Victoire des Portugais sur le Sultanat d'Adal

Bataille de Jarte
sud de Mekele, Éthiopie
Victoire des Portugais sur le Sultanat d'Adal

Bataille de Wofla
Ofla, Éthiopie
Victoire du Sultanat d'Adal et des Ottomans sur les Portugais et les Éthiopiens

Bataille de Wayna Daga
est du Lac Tana, Éthiopie
Victoire décisive des Éthiopiens et des Portugais sur le Sultanat d'Adal et
les Ottomans

Tentative portugaise de conquérir le Maroc

Bataille d'Alcazarquivir
près de Ksar el-Kébir, Maroc
Victoire décisive des Marocains et des Ottomans d'Alger sur les Portugais

Guerre maroco-Songhaï

Bataille de Tondibi
Tondibi, Mali
Victoire décisive des Marocains sur l'Empire songhaï

Félicitations, vous avez traversé toutes ces batailles indemne jusqu'au bout !
Voici une page bonus pour ajouter des informations complémentaires (grands personnages ou chiffres) et affiner vos recherches sur les combats qui ont le plus attiré votre curiosité.

A bientôt dans un autre siècle pour assembler toutes les pièces du puzzle, avec la collection du guerrier !